LAS MATEMÁTICAS EN NUESTRO MUNDO

DIVERSIÓN CON
DOBLES
EN LA GRANJA

Por Joan Freese

Consultora de lectura: Susan Nations, M.Ed.,
autora/consultora de alfabetización/consultora de desarrollo de la lectura
Consultora de matemáticas: Rhea Stewart, M.A.,
especialista en recursos curriculares de matemáticas

WEEKLY READER®
PUBLISHING

Please visit our web site at www.garethstevens.com
For a free color catalog describing our list of high-quality books,
call 1-800-542-2595 (USA) or 1-800-387-3178 (Canada). Our fax: 1-877-542-2596

Library of Congress Cataloging-in-Publication Data available upon request from publisher.

ISBN-13: 978-0-8368-9020-4 (lib. bdg.)
ISBN-10: 0-8368-9020-5 (lib. bdg.)
ISBN-13: 978-0-8368-9029-7 (softcover)
ISBN-10: 0-8368-9029-9 (softcover)

This edition first published in 2008 by
Weekly Reader® Books
An Imprint of Gareth Stevens Publishing
1 Reader's Digest Road
Pleasantville, NY 10570-7000 USA

Copyright © 2008 by Gareth Stevens, Inc.

Senior Editor: Brian Fitzgerald
Creative Director: Lisa Donovan
Graphic Designer: Alexandria Davis

Spanish edition produced by A+ Media, Inc.
Editorial Director: Julio Abreu
Chief Translator: Luis Albores
Production Designer: Phillip Gill

Photo credits: cover & title page Getty Images; pp. 5, 8, 10, 11, 12, 14, 15, 17, 18, 19, 20, 21, 23,
Russell Pickering; p. 7 National Biological Information Infrastructure; p. 9 © Pinto/zefa/Corbis;
p. 13 © Josh Westrich/zefa/Corbis.

Printed in the United States of America

1 2 3 4 5 6 7 8 9 10 09 08 07

CONTENIDO

Las palabras que aparecen en el glosario están impresas
en **negritas** la primera vez que se usan en el texto.

Capítulo 1:
A la granja

Max vive en la ciudad. Él piensa visitar a su prima. Ella se llama Sara. Sara vive en una granja.

A Max le encanta visitar la granja. Visita con frecuencia. Le gusta jugar con Sara. Él se divierte mucho.

Capítulo 2:
A encontrar dobles en la granja

El papá de Max lo lleva a la casa de Sara. Max está entusiasmado. "¡Hola, Sara!", grita.

"¡Hola, Max!", dice Sara. En ese momento Max ve un pájaro en una rama.

$$1 + 1 = 2$$

Sara ve otro pájaro. "1 pájaro **más**
1 pájaro **es igual a** 2 pájaros", dice Sara.
"¡Es un **doble**!" Un doble es cuando
sumas dos números que son iguales.

Sara tiene 2 perros. A ellos les gusta correr. A ellos les gusta jugar. Sara y Max juegan con ellos. Max piensa acerca de los dobles.

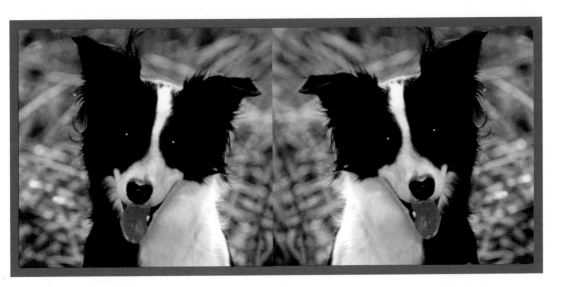

$$2 + 2 = 4$$

"Ya entendí", dice Max. "Cada perro tiene 2 orejas. 2 orejas de perro más 2 orejas de perro es igual a 4 orejas de perro. Eso también es un doble."

A Sara y Max les gusta jugar al aire libre.
Estar al aire libre hace que les dé hambre.
Pronto es hora de un refrigerio. La mamá
de Sara les lleva algo de comer.

$$3 + 3 = 6$$

Los primos comen galletas para su refrigerio. Sara toma tres galletas. Max toma tres galletas. Tienen 6 galletas en total. ¡Un doble otra vez!

Ahora los primos van a caminar. La
mamá de Sara también va. Ellos buscan
tréboles de 4 hojas. Las plantas de trébol
están en el pasto.

$$4 + 4 = 8$$

Sara busca y busca. Encuentra dos plantas. ¡Cada una tiene 4 hojas! 4 hojas y 4 hojas hacen 8 hojas. ¡Otro doble!

Max y Sara van al arroyo. El arroyo está
en la granja de Sara. Se quitan los zapatos.
Caminan por el agua.

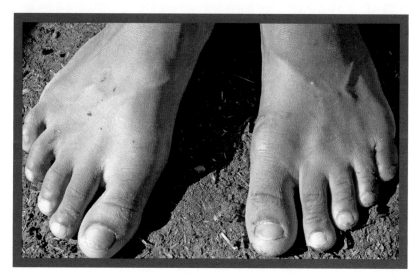

$$5 + 5 = 10$$

"¡Mira, mis dedos son un doble!", dice Max.
"Tengo 5 dedos en cada pie".

Sara se mira los dedos. "Los míos
también", dice.

Capítulo 3:
Más diversión con dobles

    Más tarde, Sara le muestra el huerto a Max. Ahí se cultivan frijoles y maíz. A Max le gusta comer maíz. En el huerto también se cultivan otros alimentos.

$$6 + 6 = 12$$

A Sara le gustan más las zanahorias. Saca 6 zanahorias de la tierra. Max también saca 6 zanahorias. Le llevan 12 zanahorias a la mamá de Sara.

Ahora, los primos visitan las gallinas.
Max y Sara encuentran una canasta cada
uno. Llenan sus canastas con huevos.

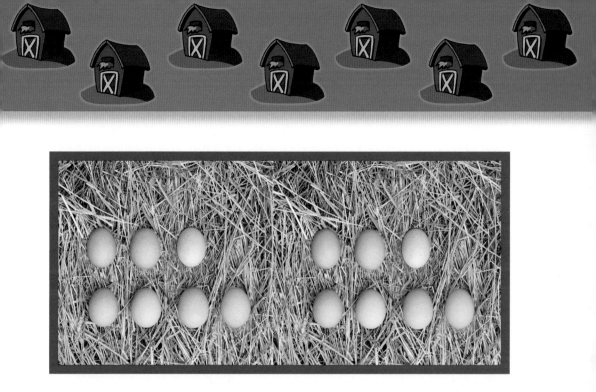

$$7 + 7 = 14$$

Sara tiene 7 huevos en su canasta. Max también cuenta 7 huevos. ¡Más diversión con dobles!

Sara y Max caminan a la casa. Sara ve
dos arañas. Las arañas están haciendo
telarañas. "¡Mira, una ciudad de arañas!",
dice Sara.

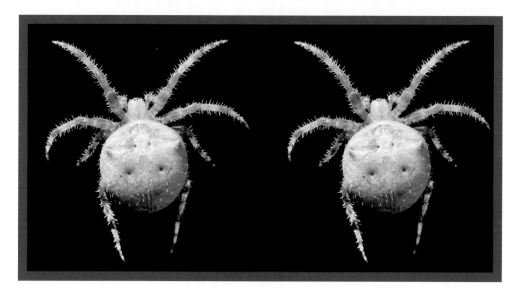

8 + 8 = 16

Sara y Max miran otra vez. Cada araña tiene
8 patas. Max piensa acerca de dobles. "¡8 patas
y otras 8 patas hacen 16 patas en total!"

Capítulo 4:
Un último doble

Casi es hora de que Max se vaya a casa. Los primos descansan cerca de algunos árboles. Las ramas tienen muchas manzanas.

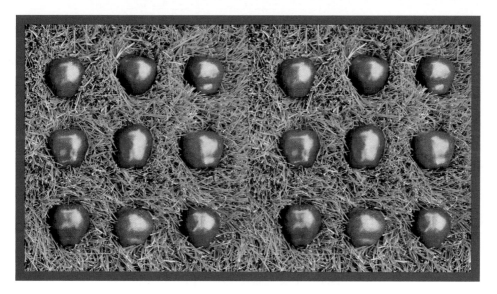

$$9 + 9 = 18$$

Max corta 9 manzanas. Sara también corta 9 manzanas. Max se llevará las 18 manzanas a su casa. Le recordarán la diversión con los dobles de hoy.

Glosario

dobles: una operación de suma en la cual ambos sumandos son iguales. 8 + 8 = 16 es una operación de dobles.

es igual a: tiene la misma cantidad o valor

más: sumado a

sumar: unir dos o más grupos

Nota acerca de la autora

Joan Freese ha escrito extensivamente para niños sobre temas de no ficción, desde el baile hip-hop a proyectos prácticos en ciencias. Vive con su familia en Minneapolis, Minnesota.